Obsah

Předmluva	5
Papír na origami	6
Deset zásad origami	7

Základní tvar I — 8

Slepička	8
Kachna	10
Ptačí rodinka	11
Ptáček	12
Papoušek	13
List	14

Základní tvar II — 15

Plachetnice	16
Domek	17
Prasátko	18

Základní tvar III — 20

Moucha	20
Sluníčko sedmitečné	21

Základní tvar IV — 22

Slánka	22
Španělská krabička	23
Krabička	24

Základní tvar V — 25

Selské stavení	26
Orel na horách	27
Orel	28

Základní tvar VI — 30

Květina	31
Zvonek	32
Jetelový lístek	33
Maceška	34
Hlemýžď	35
Čepice	38
Drak sršící oheň	39

Základní tvar VII — 40

Kůň	41
Jezdec	44
Dráček	46
Kravička	50
Slepičí rodinka	54

Základní tvar VIII — 55

Kuřátko	56
Kohoutek	58
Pes	60
Košíček	62

Skládačky z různých základních tvarů — 63

Kovbojský klobouk	63
Pohárek	63
Letadlo	64
Dáma	66
Myška	68
Dekorace na stěnu	69
Taška na stěnu	70
Dopis	72
Ptáčátko	74
Zima	76
Šestiúhelník	77
Sněhové vločky	78
Kopretina	80

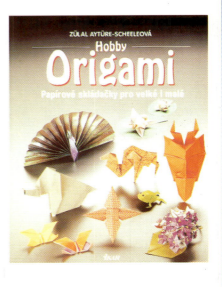

Nakladatelství IKAR vydalo od Zülal Aytüre-Scheeleové také velmi úspěšný první svazek Hobby-Origami.
Ze sedmi základních tvarů se v něm skládají nejrůznější figury, od zvířat a květin po masky a malé spotřební předměty.

Předmluva

Čím to je, že origami, umění papírových skládaček, je v Japonsku i po dlouhých staletích stále ještě důležitou součástí výchovy a každodenní zábavou? Čím to je, že si také v mnoha dalších zemích světa získává stále více příznivců mezi velkými i malými? Příčinou je skutečnost, že origami je umění, které vyžaduje jen zcela skromné prostředky - kus papíru, z něhož si každý, kdo se tím zabývá, může vytvořit kouzelné předměty nejrůznějších tvarů. Vznikají tak malá umělecká dílka, která nejenže přinášejí radost divákovi, ale často také poslouží i jako hračky nebo užitkové předměty. Podněty k takové tvorbě má dodat právě tato naše kniha.
Představujeme vám v ní 39 figur, které lze skládat z osmi základních tvarů. Potřebujete k tomu jen kus papíru a čas od času nůžky, lepidlo a barvy.
Z papíru dokážeme při troše trpělivosti a soustředění složit krásné a perfektní tvary. Skládání je pestrá zábava, která nám přinese radost i napětí a nakonec i hrdost a uspokojení nad zdařilým dílem. Ten, kdo přesně pozoruje předměty kolem sebe, bude brzy po trošce cviku schopen objevovat a vytvářet i další zcela nové tvary.

Přeji vám s origami mnoho radosti.

Zülal Aytüre-Scheeleová

Papír na origami

Papír je jediným materiálem, který na origami potřebujeme, a proto je právě jeho výběr obzvláště důležitý. Můžeme použít každý papír, který je dost pevný, aby se dal skládat a přitom se nevytahoval. Hodí se dárkové papíry, dopisní papír i pevné listy z časopisů.

Každý si musí sám zjistit, který druh papíru mu při skládání nejlépe vyhovuje. Důležité je, aby se papír dal skládat do pevných záhybů a ohybů, aniž by se lámal nebo trhal.

Dárkový papír dostaneme v každém papírnictví a ve velkých supermarketech. Výběr je překvapivě velký a už volba vzoru přináší radost.

Skoro všechny tvary, které v této knize uvádíme, jsou zhotoveny z dárkového papíru. Někdy jsme použili několik papírů různých barev nebo vzorů. Skládali nebo lepili jsme je na sebe, a dosáhli tak zajímavých barevných efektů.

Samozřejmě můžete koupit i originální papír určený výlučně pro origami. Větší papírnictví by vám ho měla být schopná nabídnout dokonce už nastříhaný na čtverce.

Vaše výtvory však budou stejně krásné, vytvoříte-li je z dárkového papíru.

Deset zásad origami

1. Nejprve je třeba zvolit správný papír a přistřihnout ho pro zvolenou figuru do správného tvaru a rozměru.

2. Musíte stále dbát na to, abyste pracovali čistě a pečlivě.

3. Všechny ohyby a záhyby musí být velmi přesné. Proto doporučujeme pracovat na hladké a pevné podložce.

4. Záhyby a ohyby budou zřetelnější, jestliže je ještě přejedete nehtem. To usnadní celý další postup.

5. Čím pečlivěji budete papír skládat, tím dokonalejší a hezčí bude výsledek vaší práce.

6. Pracovní postup musí dodržovat přesně pořadí uvedené v návodu.

7. Nesmí se vynechat žádný úkon. Proto je třeba mít při práci na zřeteli i každý předchozí a následující krok.

8. Musíte přesně dodržovat pokyny v návodu, například kterým směrem se přeloží roh papíru, jakým způsobem se papír složí, zda se po složení opět narovná apod.

9. Ten, kdo s origami ještě nemá zkušenosti, by měl v každém případě začít s vytvářením základních tvarů. Je zábavné pozorovat, jak ze stejného základního tvaru postupně vznikají různé, zcela rozdílné figury.

10. Tomu, kdo bude dodržovat přesné návody a pokyny a bude pracovat čistě a pečlivě, přinesou výsledky práce mnoho radosti.

ZÁKLADNÍ TVAR I

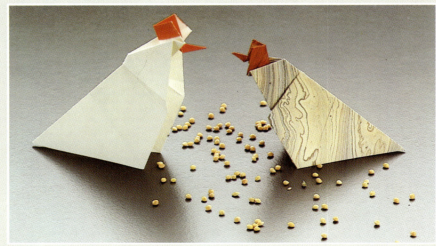

Slepička

1. Výchozím tvarem je čtvercový kus papíru.

1. Začíná se základním tvarem I. Složený papír obrátíte.

4. ...znovu přeložíte doleva. Celý tvar uprostřed složíte tak, že uzavřená strana papíru bude venku.

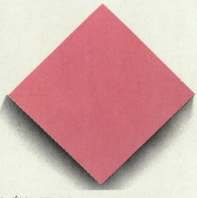

2. Úhlopříčně ho uprostřed přeložíte a pak znovu narovnáte.

2. Před čárou, vyznačenou na obrázku,...

5. Levou špičku skládačky trochu povytáhnete nahoru...

3. Dva sousední okraje papíru k sobě složíte na úhlopříčném ohybu.

3. ...přehnete levou špičku na pravou a na vyznačené čáře...

6. ...a na vyznačených linkách ji pevně přehnete.

7. Skládačku odspodu rozevřete...

11. ...u druhého ohybu (2) - viz úkon 6 - a přehnete ji směrem nahoru.

15. Celou figurku pečlivě uhladíte a zpevníte ohyby.

8. ...a levou špičku u prvního ohybu (1) obrátíte směrem dovnitř.

12. Na liniích na obrázku vzniklý tvar přehnete a opět narovnáte.

16. Rozevřete špičku a...

9. Ohyb přejedete nehtem, abyste jej zpevnili.

13. Rozevřete špičku...

17. ...u druhého (2) ohybu - viz úkon 12 – ji ohnete doleva.

10. Rozevřete levou špičku...

14. ...a u prvního přehybu (1) ji ohnete směrem dolů.

18. Nakonec pomalujete hřebínek a zobáček červenou barvou a slepička je hotová.

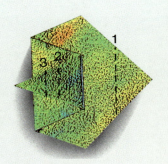

4. ...papír znovu přehnete doleva. Pravá špička se ohne u první (1) pomocné linie doleva tak, aby se přesně dotýkala středu přeložené části vlevo. Levá špička se pak dvakrát ohne, a to u druhé linie (2) směrem dovnitř, u třetí (3) směrem ven.

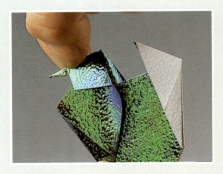

8. Vzniklý tvar pevně uchopíte, hlavičku povytáhnete trochu nahoru a stisknete.

Kachna

1. Výchozím tvarem je základní tvar I (strana 8), který obrátíte.

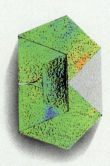

5. Celou skládačku uprostřed přeložte.

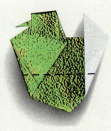

9. Na vyznačené linii ohnete spodní část skládačky směrem nahoru.

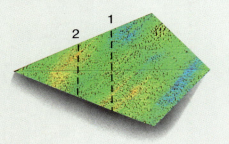

2. U první vyznačené linie (1)...

6. Hlavu a ocásek vytáhnete...

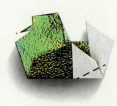

10. Totéž zopakujte na druhé straně. Pak dolní pravý roh ohnete na vyznačené čáře dovnitř a totéž uděláte na druhé straně.

3. ...přeložíte levou špičku tak, aby dosahovala k pravé. U druhé linie (2)...

7. ...směrem nahoru. Stiskněte pevně okraje a zpevněte ohyby.

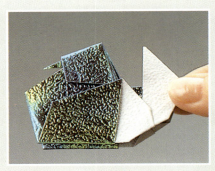

11. A toto je hotová kachna.

Ptačí rodinka

Ptáček

1. Začíná se základním tvarem I (strana 8). Na vyznačené pomocné linii...

4. ...skládačku pevně přeložíte a přehyby podle předchozího úkonu zrušíte.

8. ...ohnete horní a dolní růžek směrem doleva.

2. ...ohnete levou špičku na zadní stranu papíru. Na dalších dvou linkách...

5. Celý tvar uchopíte pevně v bodě A a zleva jej trochu pootevřete.

9. Celou figurku přeložíte na vodorovné středové linii tak, aby otevřená strana skládačky byla uvnitř. U první pomocné čáry (1) nastřihnete ocásek, u druhé (2) papír přehnete.

3. ...přeložíte levý horní a dolní roh na vodorovnou střední linii papíru. Podél vyznačených pomocných čar...

6. Nyní přeložíte levý horní roh směrem dovnitř k bodu A. Celek opět stisknete a uhladíte.

10. Rozevřete levou špičku a na vzniklém ohybu ji přehnete směrem dovnitř. Na vyznačené přerušované čáře...

7. Totéž zopakujete u dolního křídla. Na vyznačených linkách...

11. ...ohnete křídélko směrem nahoru, totéž zopakujete na druhé straně - a ptáček je hotov.

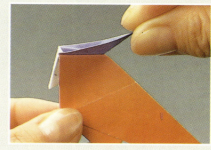

7. ...a současně povytáhnete pravou špičku nahoru a celou figurku zase pevně stisknete.

Papoušek

1. Začíná se u bodu 8 skládačky ptáčka (strana 12).

4. ...přeložíte pravý horní a dolní okraj malého čtverce tak, aby se stýkaly na vodorovné středové linii skládačky.

8. Na naznačených linkách vytvořte dva pevné záhyby.

2. Celý tvar obrátíte. Levý horní a dolní okraj malého čtverce na vyznačených linkách...

5. Vzniklý tvar pak složíte ve středu pevně tak, aby uzavřená strana zůstala nahoře. Na vyznačené lince papír pevně ohnete.

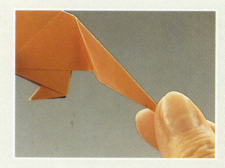

9. Rozevřete ocásek. U prvního záhybu (1) jej složíte směrem dovnitř, u druhého (2) směrem ven.

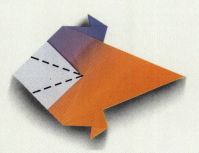

3. ...nastřihnete (zhruba do poloviny). Podél pomocných čar...

6. Levou špičku rozevřete, na vzniklém zlomu ji složíte směrem dovnitř...

10. A teď už nezbývá než naučit papouška mluvit.

List

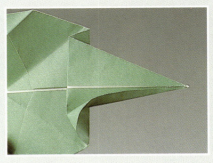

4. Totéž zopakujte na vyznačené linii u dolního rohu.

9. ...ohnete směrem nahoru. Vzniklý malý trojúhelník...

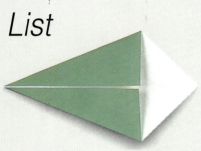

1. Začíná se základním tvarem I (strana 8). Pravý horní a dolní okraj...

5. Celý tvar uprostřed přeložíte a na vyznačených přerušovaných liniích...

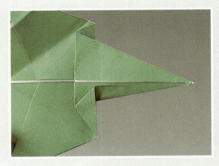

6. ...složíte do záhybů.

10. ...uhladíte. Totéž zopakujte na horní části skládačky.

2. ...složíte tak, aby se stýkaly na vodorovném středu skládačky. Horní roh přeložíte na přerušované čáře.

7. Záhyby pak zase rozložíte, takže získáte znovu tvar podle úkonu 4. Na první pomocné čáře (1) přeložíte pravou špičku doleva, na druhé (2) pomocné čáře...

11. Na vyznačených linkách ohnete horní a dolní roh pravé strany skládačky a...

3. Záhyb rozevřete a roh stisknete směrem dovnitř. Záhyb znovu pevně uhlaďte.

8. ...zase doprava. Dolní část pravé špičky na naznačené čáře...

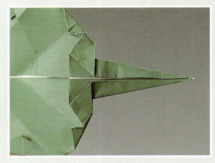

12. ...stisknete směrem dovnitř. Když nyní celou skládačku obrátíte, bude list hotový.

ZÁKLADNÍ TVAR II

3. Horní a dolní kraj složte k vodorovné středové linii a zase rozevřete.

6. Vnitřní spodní rohy nadzvednete a vytáhnete ven.

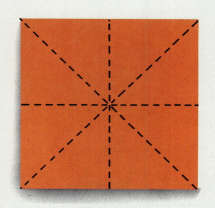

1. Čtvercový list papíru čtyřikrát přeložíte na vyznačených středových a úhlopříčných liniích a znovu narovnáte.

4. Tvar podél pomocných linií...

7. Spodní okraj skládačky přeložíte tak, aby se kryl se středovou čarou.

5. ...přeložíte doprava a poté doleva.

2. Pravý a levý okraj čtverce složíte ke svislému středovému přeložení. Bílá strana papíru zůstane uvnitř.

8. Celou skládačku otočíte o 180° (postavíte ji na hlavu) a zopakujete úkony 6 a 7.

9. Tím jste vytvořili základní tvar II.

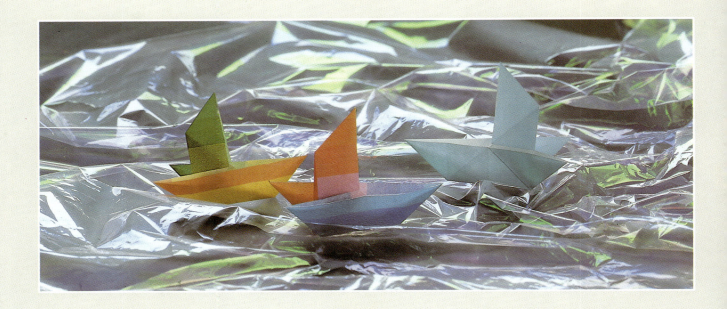

Plachetnice

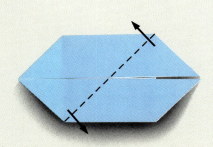

1. Začínáte základním tvarem II (strana 15). Na vyznačené pomocné čáře...

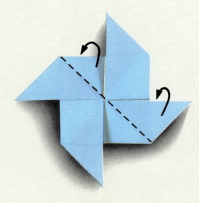

3. Na vyznačené linii...

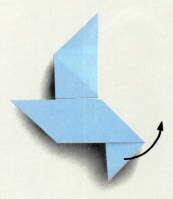

5. ...přehnete směrem nahoru, levou dolní přehnete doleva. Pravou dolní špičku...

2. ...ohnete pravou horní špičku směrem nahoru a levou dolní směrem dolů.

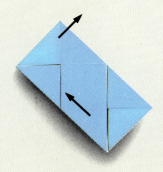

4. ...celý tvar uprostřed úhlopříčně přeložíte tak, že uzavřená strana bude uvnitř. Levou horní špičku...

6. ...povytáhnete doprava a plachetnice je hotová.

Domek

1. Začínáte úkonem 3 základního tvaru II (strana 15). Na pomocných čarách...

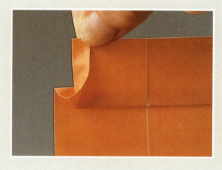

3. ...levý horní kraj přehnete směrem doprava a takto vzniklý malý trojúhelník...

5. Totéž provedete na zbývajících třech okrajích.

6. Celý tvar uprostřed přeložíte tak, aby skládaná strana zůstala uvnitř. Na vyznačených linkách papír pevně ohnete.

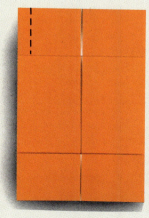

2. ...přeložíte horní křídlo směrem nahoru, dolní křídlo směrem dolů. Na vyznačené pomocné lince...

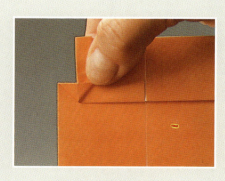

4. ...pevně vyhladíte.

7. Celý tvar trochu pootevřete a zatlačíte oba horní rohy na vzniklých záhybech směrem dovnitř.

8. Celou skládačku zase složíte. Namalujete nebo nalepíte okna a dveře a domek bude hotov.

Prasátko

1. Začíná se u úkonu 2 základního tvaru II (strana 15).

2. Spodní část papíru ohnete na středové linii směrem dozadu. Na pomocných linkách...

3. ...ohnete pravý i levý horní roh ke spodnímu okraji papíru. Totéž provedete i na zadní straně.

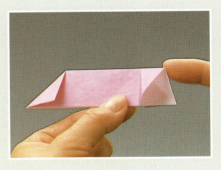

4. Ohyb na přední straně vpravo opět rozložíte. Přední křídlo trochu pootevřete a horní pravý roh...

5. ...přitlačíte ke spodnímu okraji.

6. Papír pevně vyhladíte.

7. Totéž provedete s levým rohem a s rohy na zadní straně skládačky. Pravý okraj levého trojúhelníku na vyznačené čáře...

8. ...přehnete doleva. Totéž zopakujete i na zadní straně skládačky. Tak vzniknou přední nožky prasátka. Na naznačené čáře...

9. ...ohnete vnější pravý roh směrem doleva...

13. Horní díl skládačky opět stisknete. Na pomocné čáře...

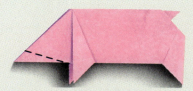

17. Celou skládačku zase stisknete a ohnete na vyznačené čáře.

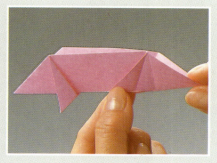

10. ...a zase narovnáte. Celý tvar shora trochu pootevřete.

14. ...ohnete pravý horní roh dovnitř a totéž zopakujete na zadní straně skládačky.

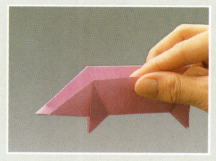

18. Vzniklý tvar shora trochu pootevřete...

11. Vnější pravý roh...

15. Celou skládačku teď zase nahoře trochu pootevřete a velkou uvnitř ležící špičku...

19. ...a levý vnější roh na vytvořených záhybech složíte dovnitř.

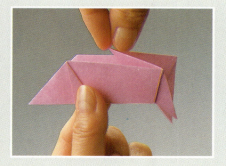

12. ...vsunete doleva do pootevřeného tvaru podle ohybu, který vznikl při úkonu 9.

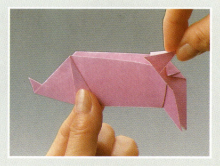

16. ...povytáhnete doprava tak, aby vznikl ocásek.

20. Konečný tvar stiskem uhladíte a prasátko je před vámi.

ZÁKLADNÍ TVAR III

1. Čtvercový kus papíru...

2. ...složíte po obou úhlopříčkách tak, aby bílá strana zůstala uvnitř.

3. Levý a pravý roh na vyznačených čarách přehnete směrem dolů.

4. Tak vznikne základní tvar III.

Moucha

1. Vychází se ze základního tvaru III, u něhož je otevřená špice nahoře. Na pomocných čarách...

2. ...obě špičky předního křídla přeložíte směrem dolů. Na vyznačené čáře...

3. ...ohnete horní roh dolů a podél vodorovné středové linie...

4. ...papír ještě jednou přehnete směrem dolů. Na pomocných čarách...

5. ...přehnete pravý a levý roh dozadu. Podél vyznačené linie...

6. ...ohnete horní špičku dozadu a na dvou pomocných čarách ohnete pravý i levý roh dopředu. Moucha je hotová.

Sluníčko sedmitečné

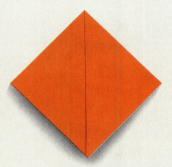

1. Začíná se základním tvarem III, jehož otevřená špička je otočená směrem dolů. Složený papír obrátíte.

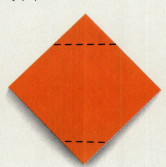

2. Horní roh podél pomocné čáry...

3. ...přeložíte směrem dolů a první dva dolní rohy směrem nahoru. Na vyznačené linii...

4. ...přeložíte horní roh opět nahoru. Celou skládačku obrátíte na druhou stranu.

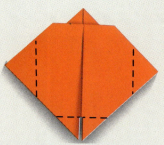

5. Na pomocných čarách vytvoříte pevné ohyby.

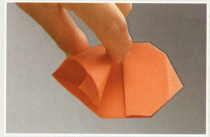

6. Dolní levou špičku poněkud pootevřete a na záhybu složíte dovnitř.

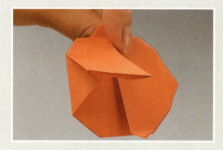

7. Levé křídlo rozevřete, levý roh na vzniklém ohybu vtisknete směrem dovnitř a celý tvar opět stlačíte.

8. Totéž provedete i na pravé straně. Nyní už zbývá jen namalovat hlavičku a tečky černou barvou. Tečky můžete také vystřihnout a na sluníčko nalepit.

ZÁKLADNÍ TVAR IV

Slánka

1. Čtvercový kus papíru se dvakrát úhlopříčně přeloží a všechny rohy...

1. Začíná se základním tvarem IV. Papír obrátíte...

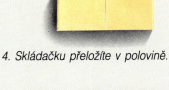

4. Skládačku přeložíte v polovině.

2. ...a všechny čtyři rohy...

2. ...se složí do středu čtverce.

5. Čtyřmi prsty zespodu sáhnete do vzniklých kapsiček a skládačku uprostřed stlačíte.

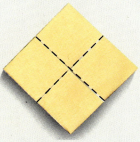

3. ...složíte do středu. Vzniklý tvar podél pomocných čar složíte a zase narovnáte.

3. Tak vznikne základní tvar IV.

6. Celý tvar obrátíte. Kapsičky naplníte solí a pepřem - a slánku máte na stole.

Chcete-li tuto skládačku použít ke hraní, musíte ji držet tak, jak je vidět při úkonu 5.

Španělská krabička

Prsty můžete celý tvar otevírat a zase zavírat. Dají se tak hrát různé hry, jejichž podstatou jsou hádanky.

1. Začínáte u úkonu 3 v návodu na slánku. Čtyři rohy, které se uprostřed setkávají,...

4. ...složíte jako harmoniku.

2. ...ohnete směrem ven, celý tvar podél vyznačených linií naskládáte a pak jej obrátíte.

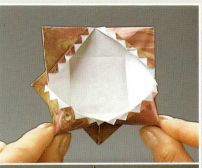

Chcete-li vytvořit figurku, musíte oba dolní rohy ohnout směrem dovnitř a skládačku přiměřeně pomalovat.

3. Všechny čtyři rohy na pomocných čarách...

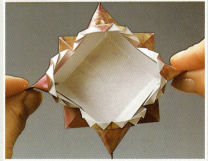

5. Rohy na špičkách pevně stisknete tak, aby uprostřed vznikl čtvercový tvar.

Krabička

1. Začíná se základním tvarem IV (strana 22).
Čtyři stýkající se rohy složíte na pomocných čarách...

2. ...dovnitř tak, aby se dotýkaly středu záhybů. Celý tvar obrátíte.

3. Pravý i levý okraj u vyznačených linek...

4. ...složíte na střední linii skládačky. Pak levé horní křídlo přeložíte doprava. Oba malé trojúhelníčky na levé straně na pomocných čarách...

5. ...přehnete dopředu. Horní pravé křídlo opět přehnete doleva.

6. Úkony 4 - 6 zopakujete i na pravém křídle.

7. Celý tvar na střední linii otevřete a roztáhnete.

8. Vytvořili jste tak hnízdo pro ptáčátko.

9. Jestliže celou skládačku na vyznačených čarách přehnete a pak rozevřete,...

10. ...vznikne z hnízda krabička. Přeložená místa ještě jednou vyhlazením zpevníte.
Z druhého listu papíru, asi o 0,5 cm většího, můžete vytvořit další krabičku, která pak poslouží jako víčko.

ZÁKLADNÍ TVAR V

3. Papír na středové linii složíte bílou stranou dovnitř.

7. Záhyb vyhladíte. Vzniklé levé křídlo...

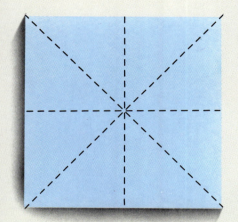

1. Čtvercový list papíru čtyřikrát přeložíte ve středových a úhlopříčných liniích tak,...

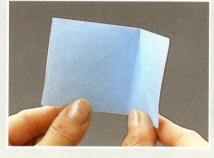

4. Pravou polovinu papíru svisle povytáhnete nahoru...

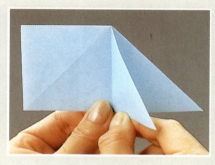

8. ...přehnete směrem doprava.

5. ...rozevřete...

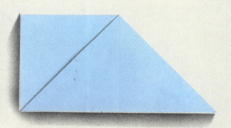

9. Úkony 4 - 8 zopakujete i na druhé polovině skládačky.

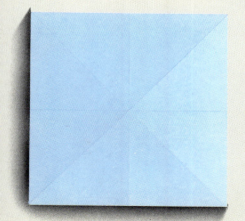

2. ...aby po rozložení papíru vznikly pevné záhyby.

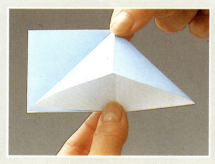

6. ...a rozloženou stisknete.

10. Tak vznikne základní tvar V.

7. ...vnější okraje předních křídel přehnete dozadu a na pomocných čarách přeložíte.

Selské stavení

1. Začínáte základním tvarem V (strana 25).
Oba dolní rohy na pomocných liniích...

4. Pravé přední křídlo zvednete směrem nahoru.

8. Malý čtvereček na pravé straně rozevřete a horní krátký kraj přitlačíte na pravý okraj směrem dovnitř.

2. ...přehnete k hornímu rohu.

5. Záhyb rozevřete a uhladíte.

9. Totéž zopakujete i na levém křídle. Na naznačené lince...

3. Totéž zopakujete i na zadní straně. Na vyznačené linii vytvoříte ohyb.

6. Úkony 4 a 5 zopakujete i na levém křídle a na křídlech na zadní straně skládačky. Na vyznačených liniích...

10. ...ohnete dolní malý trojúhelník směrem nahoru.
A je zde selské stavení.

Orel na horách

Orel

1. Začínáte základním tvarem V (strana 25). Na pomocné lince papír přehnete.

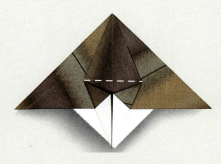

4. Úkony 2 a 3 opakujete i na druhé straně. Krátké okraje dračí figurky na pomocné čáře...

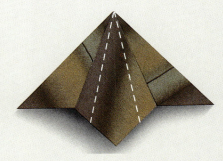

8. ...a oba rohy přiložíte na středovou čáru. Celý tvar obrátíte.

2. Pravé horní křídlo povytáhnete svisle směrem nahoru.

5. ...složíte na svislou středovou čáru. Na vyznačené linii papír přehnete.

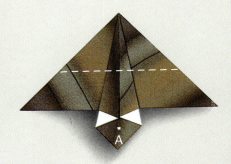

9. Horní levý i pravý kraj figurky na pomocných čarách...

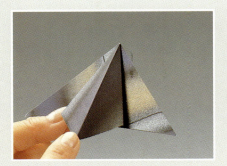

3. Záhyb rozevřete a křídlo stlačíte naplocho tak, aby dlouhý okraj ležel na středové čáře.

6. Oba poslední přehyby znovu rozložíte. Horní křídlo opatrně rozevřete...

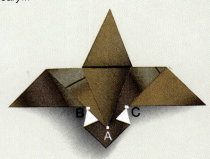

10. ...složíte na svislou středovou linii skládačky. Podél vyznačené pomocné čáry...

7. ...dolní špičku přitáhnete k hornímu rohu...

11. ...přiložíte horní špičku k bodu A. Body B a C...

28

12. ...přiložíte ke středové čáře...

16. Na pomocných čarách tvar přeložíte.

20. Levou špičku u prvního přehybu (1) ohnete směrem nahoru, u druhého (2)...

13. ...a horní kraje uhladíte.

17. Levou špičku trochu pootevřete...

21. ...směrem dolů. Špičku ještě popotáhnete směrem dolů.

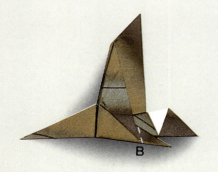
14. Celý tvar uprostřed složíte a na pomocné čáře přehnete.

18. ...na přehybu obrátíte směrem dolů.

22. Spodní špičku přehnete na vyznačené čáře.

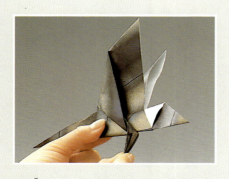
15. Špičku na přehnutí otočíte směrem dolů.

19. Pravou špičku přeložíte stejným způsobem. Na vyznačených čarách uděláte dva souběžné přehyby.

23. Špičku lehce pootevřete a na přehybu obrátíte doprava.

ZÁKLADNÍ TVAR VI

3. Pravou polovinu papíru svisle povytáhnete nahoru...

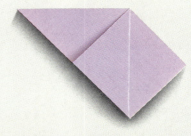

6. Záhyb pevně vyhladíte. Levé křídlo...

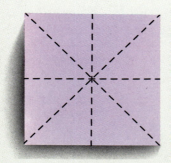

1. Čtvercový list papíru čtyřikrát pevně přeložíte po úhlopříčkách a středových liniích.

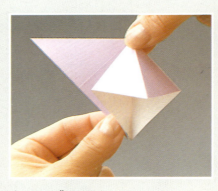

4. ...rozevřete a...

7. ...přehnete doprava.

8. Úkony 3 - 7 zopakujete také na levé straně skládačky.

2. Papír podél úhlopříčky složíte tak, aby bílá strana zůstala uvnitř.

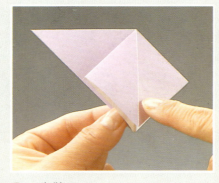

5. ...stlačíte.

9. Tak vznikne základní tvar VI.

Květina

1. Začínáte základním tvarem VI, jehož otevřený roh je nahoře. Na pomocné čáre skládačku pevně přeložíte.

4. Vzniklé malé levé křídlo...

7. Na každé straně jsou teď čtyři křidélka.

2. Pravé přední křídlo svisle povytáhnete nahoru...

5. ...ohnete směrem doprava.

8. Celý tvar podél střední svislé linie sevřete a na pomocné čáre přehnete.

3. ...rozevřete a stisknutím rozložíte.

6. Všechny dosavadní úkony zopakujete s velkým levým křídlem a s oběma křídly na druhé straně skládačky.

9. Horní část skládačky rozevřete a lístky květu zvenku uprostřed stisknete.

10. K vytvoření jarní dekorace je třeba umístit více květů na jednu větvičku.

Zvonek

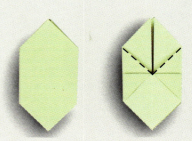

6. Totéž provedete také u zbývajících tří rohů. Přední špičku přehnete na dolní. Na vyznačených linkách vytvoříte přehnutí.

K jeho vytvoření jsou zapotřebí dva stejně velké čtvercové listy různobarevného papíru A a B.

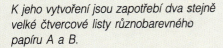

3. Totéž zopakujete na zadní straně. Všechna přeložení pak zrušíte.

7. Levou polovinu uprostřed rozevřete...

A: Vnější listy

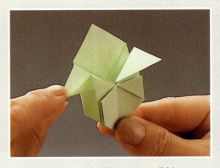

1. Papír A složíte do základního tvaru VI (strana 30), jehož otevřený roh směřuje nahoru. Na vyznačených linkách...

4. Celý tvar na horním rohu trochu pootevřete a na levém rohu u záhybů...

8. ...horní levou špičku na vzniklém přelomu přeložíte doleva tak, aby okraj svislé středové čáry ležel na vodorovné středové čáře.

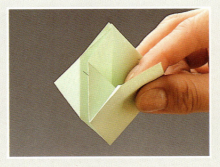

2. ...přeložíte pravý a levý přední roh ke středové linii.

5. ...složíte směrem dovnitř. Vše pevně uhladíte.

9. Totéž provedete u pravého křídla.

10. Přední dolní špičku znovu vrátíte k horní špičce.

B: Vnitřní lístky

1. Při skládání papíru B postupujete až po úkon 6 návodu stejně jako u papíru A.

Jetelový lístek

11. Levé přední křídlo přehnete doprava. Totéž provedete na zadní straně.

2. Tvar B rozevřenými špičkami zasunete do tvaru A...

1. Výchozím bodem je úkon 3 návodu na zvonek (vnější lístky). Pravý a levý dolní...

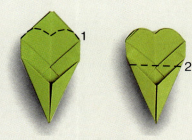

2. ...okraj přední strany přehnete na svislou středovou linii. Totéž provedete na zadní straně. U první pomocné čáry (1) skládačku ustřihnete, u druhé (2) vytvoříte přehyb.

12. Úkony 6 - 9 návodu zopakujete. Spodní růžek na vyznačené lince odstřihnete.

3. ...tak, aby dovnitř vtlačené čtyři malé růžky tvaru A zapadly do čtyř malých růžků tvaru B.

13. Toto jsou vnější okvětní lístky zvonku.

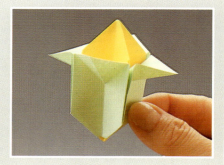

4. Měkký drátek ovinete zeleným krepovým papírem a na takto vzniklý stonek květ upevníte.

3. Horní část skládačky rozevřete a jetelový lístek je hotov.

33

List

1. Čtvercový list papíru na pomocných čarách...

Maceška

Květ

1. Začínáte úkonem 7 návodu na květinu (strana 31). Na vyznačené čáře...

3. Celý tvar složíte podél svislé středové linie a na vyznačené čáře vytvoříte přehyb.

2. ...složíte jako harmoniku. Celý tvar uprostřed složíte.

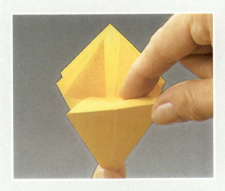 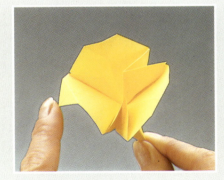 

2. ...přehnete horní špičku předního křídla směrem dovnitř.

4. Horní část skládačky rozevřete. Tři špičky trochu ohnete směrem dozadu.

3. Uprostřed jej pevně uchopíte a na obě strany rozevřete do tvaru lístku.

Hlemýžď

Je zapotřebí tenký, velký čtvercový kus papíru (asi 15 x 15 cm).
1. Začíná se úkonem 7 návodu na květinu (strana 31).

3. Poslední záhyby opět rozevřete. Horní špičku předního křídla pomalu otevřete...

5. Dolní špičku na vyznačené čáře...

2. Krátké horní okraje ohnete směrem ke svislé středové linii a na vyznačené čáře vytvoříte přehyb.

4. ...a popotáhnete až k dolní špičce. Současně přitisknete pravý a levý roh na svislou středovou linii. Záhyby vyhlazením zpevněte.

6. ...znovu přeložíte směrem nahoru. Horní špičku na pomocné čáře...

35

7. ...přehnete směrem dolů. Na vyznačené pomocné čáře pravý a levý okraj předního trojúhelníku...

10. ...přehnete doleva. Na vyznačených liniích...

13. ...ohnete doleva. Velké pravé křídlo rovněž...

8. ...složíte na svislou středovou linii. Takto vzniklé malé trojúhelníky stlačíte.

11. ...přeložíte pravý horní okraj předního křídla třikrát směrem doleva.

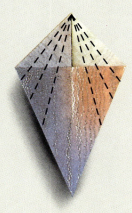

14. ...přeložíte doleva. Horní pravý a levý okraj na pomocných čarách...

9. Pravou polovinu kosodélníkového tvaru...

12. Vzniklý okraj musí ležet přesně na svislé středové čáře. Vzniklé úzké pravé křídlo...

15. ...přehnete třikrát jako při úkonu 11 tak, aby vzniklé okraje ležely na svislé středové linii. Všechna čtyři křídla levé poloviny...

16. ...přeložíte směrem doprava.

19. ...přehnete horní pravou špičku doleva, levou špičku doprava. Na vyznačených čarách...

22. Na vyznačené čáře (uprostřed) vytvoříte ohyb.
Pravý a levý roh přeložíte na pomocných čarách dozadu.

17. Postup popsaný v úkonech 10 - 15 zopakujete rovněž na levé straně. (Všechny údaje o směru doprava nebo doleva je samozřejmě třeba obrátit.) Tři křídla, která jsou nyní na pravé straně,...

20. ...ohnete horní zadní špičku směrem dolů a zasunete ji pod ohnutý růžek představující tykadlo. Tak vznikne hlavička hlemýždě.

23. Záhyby opatrně roztáhnete...

18. ...přeložíte směrem doleva. Na pomocných čarách...

21. Celou skládačku obrátíte.

24. ...a šnečí domeček zakulatíte.

Čepice

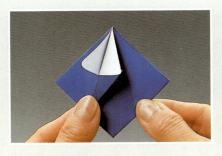

4. ...svisle nadzvednete, záhyby rozevřete a rozevřené je stlačíte.

8. Obě horní špičky roztáhnete, a celý tvar tak rozevřete.

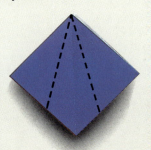

1. Výchozím bodem je základní tvar VI (strana 30), jehož otevřená špička směřuje nahoru. Na pomocných čarách...

5. Pravou část pravého křídla svisle nadzvednete, záhyb rozevřete a rovněž stlačíte. Na první vyznačené pomocné čáře (1) přední horní špičku...

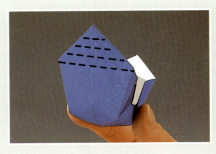

9. Jednu špičku podle pomocných čar několikrát přehnete směrem dolů.

2. ...přeložíte horní okraje předního křídla na sebe.

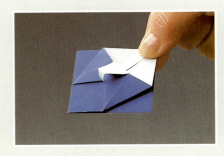

6. ...ohnete směrem dolů a na druhé pomocné čáře (2) ji ohnete dovnitř.

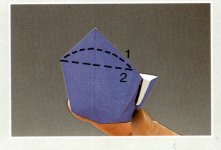

10. Druhou špičku na první pomocné čáře (1) ustřihnete, na druhé pak (2) přeložíte.

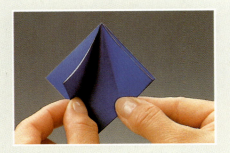

3. Záhyby znovu rozevřete. Levou část levého křídla...

7. Postup popsaný v úkonech 2 - 6 zopakujete i na zadní straně.

11. Čepici podle potřeby vytvarujete.

Drak sršící oheň

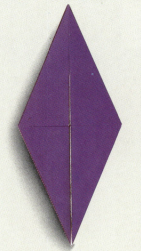

3. ...přeložíte horní roh dolů.

4. Poslední tři přehyby opět rozložíte.

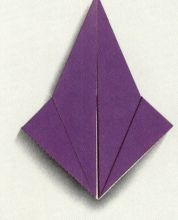

7. ...a pravý a levý roh dračí figurky stlačíte dovnitř na svislou středovou linii.

Základní tvar VII

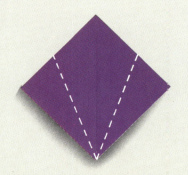

1. Začíná se u základního tvaru VI (strana 30), jehož otevřený roh je dole. Na přerušovaných čarách...

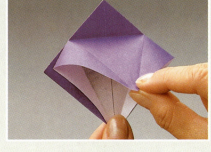

5. Horní křídlo dolního rohu pomalu otevřete.

8. Záhyby vyhlazením zpevníte. Postup od úkonu 2 na této stránce zopakujete.

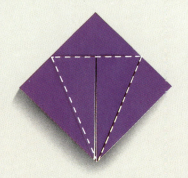

2. ...složíte pravý a levý dolní okraj horního křídla ke svislé středové čáře a na vyznačené vodorovné linii...

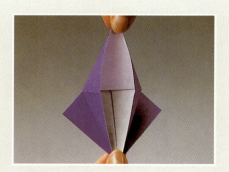

6. Dolní roh vytáhnete co nejvíce nahoru...

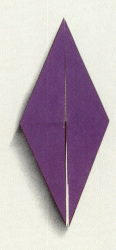

9. Takto vypadá základní tvar VII.

Kůň

7. Celý tvar uprostřed složíte tak, aby dolů složená špička zůstala venku.

Potřebujete dva stejně velké čtvercové kusy papíru.

Přední díl

1. Začínáte základním tvarem VII, jehož otevřená špička je dole. Na vyznačených pomocných čarách vytvoříte přehyby.

4. Levou polovinu skládačky znovu rozevřete a levou špičku u ohybu rozpůlíte.

8. Hlavičku koně povytáhnete doleva. Na vyznačené čáře tvar ohnete.

2. Levou polovinu skládačky rozevřete, levou dolní špičku na přehybu obrátíte doleva dovnitř.

5. Totéž zopakujete s pravou špičkou a na zadní straně. Na přerušovaných čarách...

9. Horní špičku rozevřete a na vzniklém zlomu přeložíte doprava.

3. Totéž provedete s pravou stranou skládačky. Na vyznačených čarách vytvoříte přehyby.

6. ...horní špičku předního křídla dvakrát přehnete směrem dolů.

10. Oba horní rohy hřívy ohnete směrem dolů.

Zadní díl

11. Pravou dolní špičku rozevřete a na ohybu přeložíte směrem dolů.

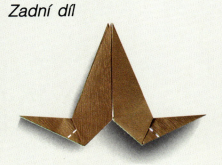

1. Druhý list papíru skládáte až po úkon 3 stejně jako díl přední. Na vyznačených pomocných čarách skládačku přehnete.

5. Totéž zopakujete na pravé špičce a na zadní straně skládačky. Na vyznačené linii přední křídlo...

12. Na pomocné čáře vytvoříte přenyb.

2. Levou špičku rozevřete a na ohybu vytáhnete směrem dolů.

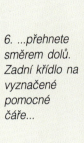

6. ...přehnete směrem dolů. Zadní křídlo na vyznačené pomocné čáře...

13. Dolní špičku rozevřete a na ohybu složíte doprava.

3. Totéž provedete s pravou špičkou. Na vyznačených čarách vytvoříte ohyby.

7. ...složíte dozadu. Na vyznačených linkách skládačku ohnete.

14. Totéž zopakujete i u druhé přední nohy.

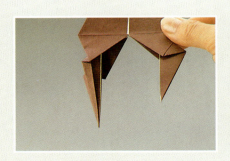

4. Levou špičku na vzniklém ohybu o třetinu šířky přeložíte.

8. Levou dolní špičku rozevřete a na ohybu složíte doleva.

9. Totéž provedete s pravou špičkou.

13. Přední křídlo zlehka rozevřete a jeho roh na ohybu složíte dovnitř.

17. Rozevřete ocásek a na ohybu ho složíte směrem dolů.

10. Celý tvar složíte podél středové linie. Na vyznačené přerušované čáře vytvoříte pevný ohyb.

14. Tento postup opakujete i na druhé straně skládačky.

18. Ohyby pevně vyhladíte.

11. Pravou špičku rozevřete a na ohybu složíte směrem dolů.

15. Pravou stranu skládačky rozevřete a špičku povytáhnete nahoru.

19. Zadní díl zasunete do předního a slepíte.

12. Na pomocných čarách vytvoříte ohyby.

16. Celý tvar opět stlačíte a na vyznačeném místě vytvoříte ohyb.

20. Koníčka postavíte na nohy a může se rozběhnout.

Jezdec

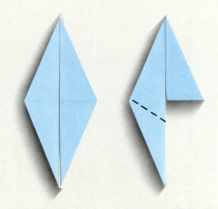

1. Začínáte základním tvarem VII (strana 40), jehož otevřená špička směřuje dolů. Pravou dolní špičku přehnete na horní. Na pomocné čáře vyznačené na levé špičce vytvoříte ohyb.

2. Špičku rozevřete a na vytvořeném ohybu obrátíte směrem ven.

3. Na vyznačené čáře vytvoříte další ohyb.

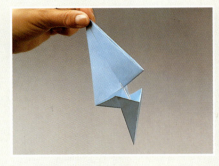

4. Špičku rozevřete a na vzniklém ohybu obrátíte směrem ven.

5. Na vyznačené lince špičku ohnete.

6. Dolní špičku rozevřete a na vzniklém ohybu otočíte směrem ven.

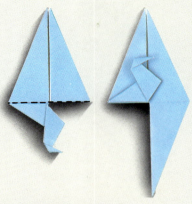

7. Dolní špičku skládačky podél pomocné čáry přeložíte směrem nahoru. Pravou špičku otočíte opět dolů.

8. Úkony 2 - 7 zopakujete i u pravé špičky. Složenou levou špičku přehnete zpět dolů. Horní špičku rozstřihnete na vyznačené lince. Skládačku...

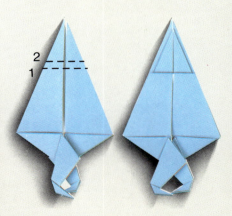

9. ...obrátíte. Na první pomocné čáře (1) ohnete horní špičku dozadu, na druhé čáře (2) směrem nahoru.

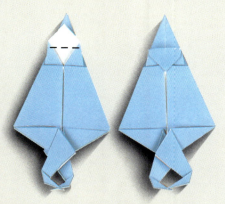

10. Horní špičku trochu rozevřete a vyhladíte záhyby. Na naznačené čáře přeložíte směrem dolů.

13. ...ruku rozpůlíte.

16. Na zadní straně celý postup zopakujete. Levý roh na vyznačené čáre z obou stran složíte dovnitř.

11. Celý tvar složíte podél středové linie. Na vyznačené čáre...

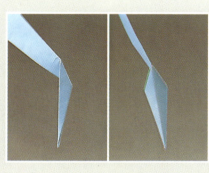

14. Špičku ruky na vyznačeném místě ohnete. Spodní díl špičky až po ohyb rozevřete.

17. Hlavu lehce povytáhnete doprava.

12. ...přehnete horní přední špičku dolů a na vyznačené lince...

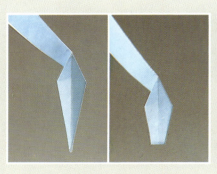

15. Špičku popotáhnete trochu doleva a vyhladíte. Špičku pak ještě jednou ohnete směrem dovnitř.

18. Jezdci nasadíte čapku a posadíte ho na koně.

45

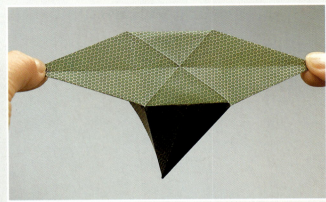

3. ...papír byl rovný.

Dráček

1. Začínáte základním tvarem VII (strana 40), jehož otevřená špička leží na pravé straně. Obě špičky na levé straně...

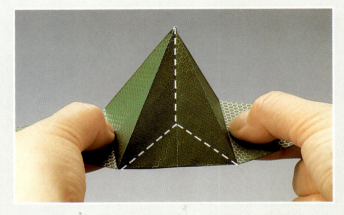

4. Celý tvar obrátíte. Na pomocných čarách obě odstávající špičky...

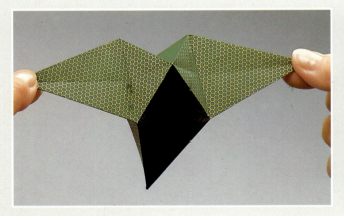

2. ...rozevřete tak, aby...

5. ...uprostřed stisknete k sobě, vyhladíte až k základní ploše...

6. ...a složíte doprava. Okraje pravé strany na vyznačených čarách...

7. ...přehnete dozadu. Spodní polovinu...

8. ...skládačky složíte zezadu směrem nahoru a na vyznačené linii přeložíte.

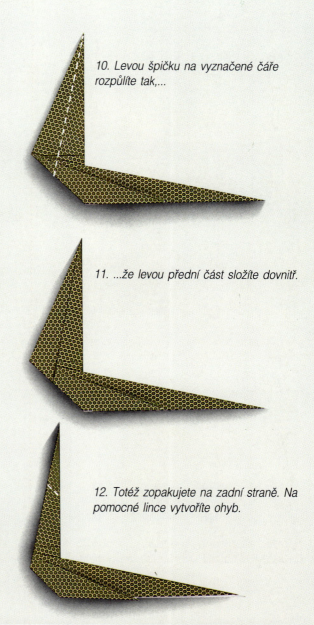

10. Levou špičku na vyznačené čáře rozpůlíte tak,...

11. ...že levou přední část složíte dovnitř.

12. Totéž zopakujete na zadní straně. Na pomocné lince vytvoříte ohyb.

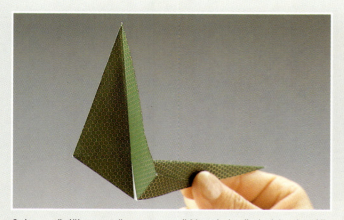

9. Levou špičku rozevřete a na vzniklém ohybu ji obrátíte dovnitř.

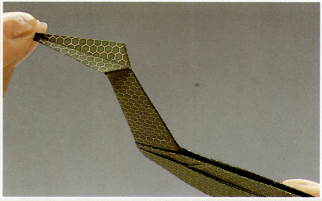

13. Špičku rozevřete a na ohybu ji složíte směrem doleva.

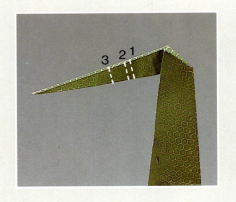

14. Na třech pomocných linkách vytvoříte ohyby.

17. ...a na třetím (3) opět doprava.

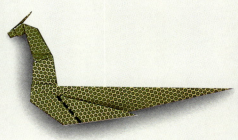

20. Spodní špičku vlevo na vyznačené čáře uprostřed...

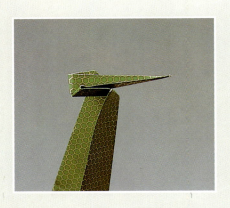

15. Špičku rozevřete, na prvním ohybu (1) ji přehnete doprava,...

18. Na vyznačených čarách vytvoříte ohyby. Krk...

21. ...přehnete směrem dolů a totéž zopakujete na zadní straně skládačky. Na skládačce podél vyznačené šikmé linky uprostřed vytvoříte ohyb.

16. ...na druhém (2) doleva...

19. ...na dolním ohybu přehnete směrem dovnitř, na horním ven.

22. Pravou špičku rozevřete a na vytvořeném ohybu obrátíte směrem nahoru.

23. Na horní pravé špici vytvoříte v naznačených čarách dva ohyby.

26. Na malé spodní špičce skládačky vytvoříte ve vyznačených čarách dva ohyby.

29. Totéž provedete i na zadní straně skládačky.

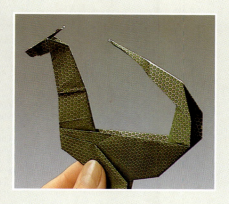

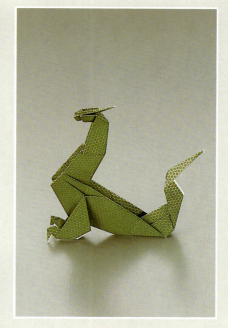

24. Špičku pak rozevřete, na dolním ohybu ji obrátíte doleva směrem ven...

27. Špičku rozevřete, u horního ohybu ji obrátíte doleva...

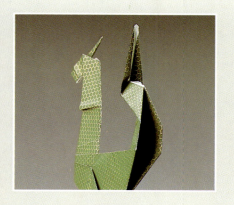
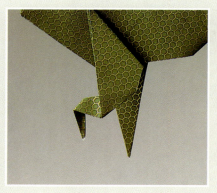

30. Dráček je hotový.

25. ...a na horním směrem nahoru.

28. ...a u dolního směrem dolů.

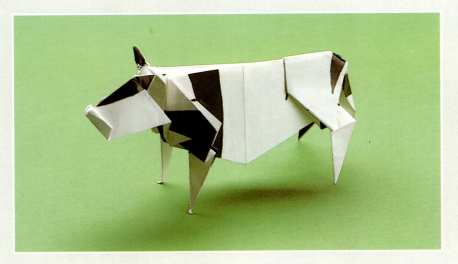

5. ...roztáhnete a stlačíte. Původní levý vnější okraj teď leží na svislé středové linii.

Kravička

1. Jsou zapotřebí dva čtvercové kusy papíru, z nichž menší (B) tvoří čtvrtinu většího (A).

3. ...a na pomocných čarách pevně přeložíte.

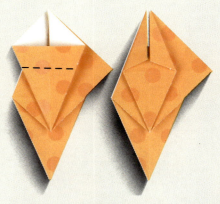

6. Skládačku přeložíte podél vyznačené čáry a pravý a levý horní kraj pak složíte na svislou středovou linii.

2. Velký papír (A) skládáte až po úkon 8 jako základní tvar VII (strana 40). Jeho otevřená špička směřuje nahoru. Celý tvar obrátíte...

4. Levé přední křídlo vytáhnete svisle nahoru...

7. Vše zase rozložíte. Celý tvar trochu pootevřete a rohy na vzniklých ohybech vtisknete dovnitř...

8. ...na středovou linii. Malý trojúhelník složíte směrem nahoru. Malé pravé křídlo...

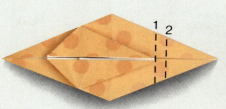

11. ...obě vrchní levé špičky přeložíte doprava. Pravou špičku na první pomocné čáře (1)...

15. Malou levou špičku na ohybu obrátíte směrem ven.

9. ...složíte doleva. Úkony 3 - 7 návodu zopakujete na pravé straně. Nakonec však malé levé křídlo přehnete doprava. Pak skládačku obrátíte...

12. ...přehnete dozadu a na druhé čáře (2) zase dopředu.

16. Celý tvar znovu složíte.

13. Celý tvar složíte na středovou linii tak, že horní polovinu přeložíte směrem dozadu.

17. Pravou střední špičku na ohybu (viz úkon 13) přehnete směrem dovnitř.

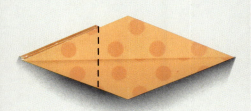

10. ...a položíte tak, že otevřené špičky směřují doleva. Na vyznačené čáře...

14. Přední křídlo rozevřete.

18. Přehyb pevně vyhladíte. Na vyznačené lince...

19. ...přehnete pravý dolní roh trochu dopředu.

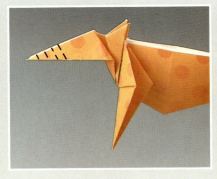

23. Přehyby pevně uhladíte. Na vyznačených pomocných čarách...

27. ...na druhém ohybu (2) ven.

20. Úkony 13 - 19 zopakujete i na zadní straně skládačky. Na vyznačených čarách vytvoříte dva ohyby. Na prvním ohybu (1)...

24. ...srolujete levou špičku směrem nahoru.

28. Ohyby pevně vyhladíte. Na vyznačené čáře...

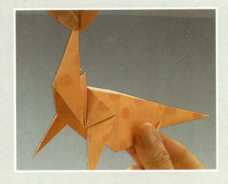

21. ...obrátíte levou špičku ven směrem doprava...

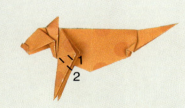

25. Celý tvar znovu složíte a na vyznačených čarách vytvoříte ohyby.

29. ...přehnete dolní roh směrem dovnitř.

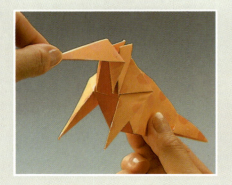

22. ...na druhém ohybu (2) doleva dovnitř.

26. Přední nohu složíte na prvním ohybu (1) dovnitř...

30. Úkony 25 - 29 zopakujete na zadní straně skládačky.

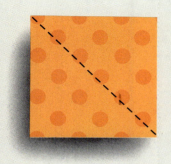

31. Na vytvoření zadních nohou použijete menší čtverec papíru (B). Na úhlopříčce jej přeložíte a narovnáte.

35. Tvar B nalepíte kolem tvaru A.

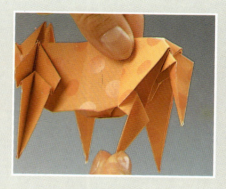

39. ...a na třetím (3) směrem ven.

32. Pravý a levý kraj papíru složíte k sobě na úhlopříčné přeložení.

36. Na vyznačených čarách vytvoříte ohyby.

40. Totéž zopakujete také na zadní straně skládačky. Na vyznačené lince...

33. Na úhlopříčku složíte rovněž horní a dolní kraj papíru.

37. Pravou špičku rozevřete a na prvním ohybu (1) složíte dovnitř.

41. ...z obou stran ohnete ocásek.

34. Celý tvar na úhlopříčce složíte dohromady tak, že předchozí ohyby papíru zůstanou uvnitř.

38. Zadní nohu rozevřete, na druhém ohybu (2) ji složíte dovnitř...

42. Nakonec vytvarujete rohy.

Základní tvar VIII

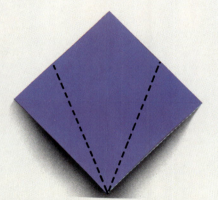

1. Čtvercový list papíru dvakrát úhlopříčně složíte. Na pomocných čarách dolní okraje...

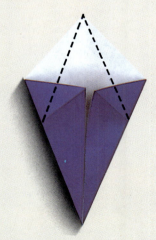

2. ...složíte na svislou středovou čáru tak, že bílá strana papíru zůstane uvnitř. Na vyznačených čarách...

3. ...složíte horní okraje papíru na svislou středovou linii.

4. Skládačku uprostřed přeložíte.

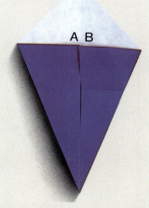

5. Zrušíte poslední přeložení. Roh A...

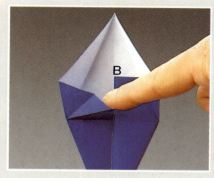

6. ...nadzvednete...

7. ...stáhnete dolů a za pomoci předchozích ohybů přeložíte směrem dolů.

8. Totéž provedete s rohem B. To je základní tvar VIII.

Kuřátko

1. Začínáte základním tvarem VIII (strana 55). Špičky malých křidélek směřují doprava.

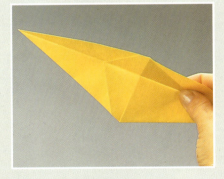

3. Celý tvar odspodu rozevřete.

5. Na vyznačené pomocné čáře vytvoříte ohyb.

6. Horní špičku trochu pootevřete a na ohybu složíte doleva.

2. Skládačku uprostřed přeložíte tak, že otevřené okraje jsou nahoře. Na pomocné čáře ji přehnete.

4. Levou špičku trochu pootevřete a na ohybu složíte doprava.

7. Na dvou pomocných linkách vytvoříte ohyby.

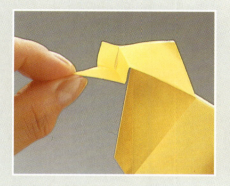
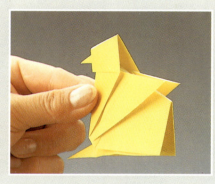

8. Levou špičku na prvním ohybu (1) složíte dovnitř a na druhém ohybu (2) směrem ven.

12. Pravou špičku na prvním ohybu (1) složíte doleva směrem dovnitř...

15. Na vyznačené lince...

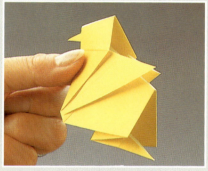
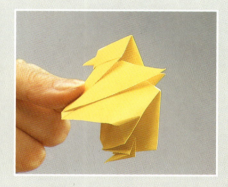

9. Malá křidélka na pomocných linkách...

13. ...na druhém ohybu (2) doprava...

16. ...vtisknete pravý dolní roh dovnitř a totéž zopakujete na zadní straně skládačky.

10. ...přehnete doleva a na vyznačené čáře...

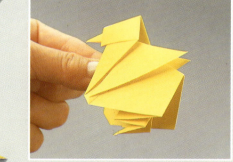

11. ...zase doprava. To jsou křídla kuřátka. Na vyznačených třech čarách skládačky vytvoříte ohyby.

14. ...na třetím (3) opět doleva. Tak vznikne nožička kuřátka.

17. A zde je hotové kuřátko.

5. Špičku rozevřete a budete ji skládat na prvním ohybu (1) směrem dolů,...

6. ...na druhém ohybu (2) nahoru...

Kohoutek

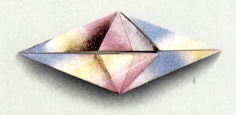

1. Začínáte základním tvarem VIII (strana 55). Špičky malých křidélek směřují doprava.

3. Levou špičku rozevřete a na ohybu ji obrátíte směrem nahoru.

7. ...a na třetím (3) zase směrem dolů.

2. Celek podél středové linie složíte tak, že uzavřená strana skládačky bude uvnitř. Na vyznačené pomocné čáře vytvoříte ohyb.

4. Na vyznačených linkách špičky vytvoříte čtyři ohyby.

8. Na čtvrtém ohybu (4) špičku povytáhnete doleva.

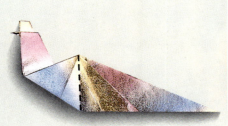

9. Na vyznačené lince...

13. Pravou špičku rozevřete...

17. ...u druhého ohybu (2) směrem dolů.

10. ...přeložíte malá křidélka na přední i zadní straně skládačky doleva. Na pomocných čarách vytvoříte ohyby.

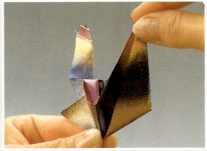

14. ...a na ohybu ji složíte dovnitř.

18. Na vyznačené lince...

11. Hřbet na prvním ohybu (1) složíte doleva, na druhém (2) doprava.

15. Na dvou pomocných linkách vytvoříte ohyby.

19. ...složíte pravý roh A doleva. Totéž zopakujete i na zadní straně skládačky.

12. Na vyznačené čáře vytvoříte opět ohyb.

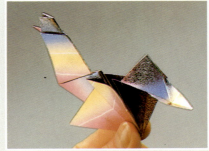

16. Špičku znovu rozevřete, u prvního ohybu (1) ji složíte doprava dovnitř...

20. A tak vypadá hotový kohoutek.

59

Pes

7. Na vyznačených čarách...

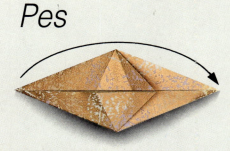

1. Začínáte základním tvarem VIII (strana 55), jehož velkou levou špičku přeložíte dozadu a současně malé špičky tvaru uprostřed...

4. ...a pak na druhé (2) pomocné čáře ohyb dolů.

8. ...oba levé okraje složíte na vodorovnou středovou linii a podél ní ji uprostřed přeložíte.

2. ...přehnete doleva. Na první (1) pomocné čáře...

5. Nyní pravou špičku nadzvednete a na vytvořených ohybech stlačíte směrem ke středu...

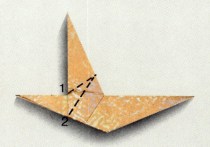

9. Na vyznačených čarách vytvoříte ohyby.

3. ...vytvoříte u pravé špičky ohyb nahoru...

6. ...a pak dolů. Celou skládačku obrátíte.

10. Horní špičku na prvním ohybu (1) složíte doprava, na druhém (2) doleva.

11. Na pomocných čarách vytvoříte opět ohyby.

15. Obě levé špičky na ohybech složíte směrem dolů a současně celý tvar znovu sevřete.

19. Pravou špičku rozevřete a na prvním ohybu (1) ji ohnete směrem nahoru.

12. Horní špičku složíte na prvním ohybu (1) směrem dovnitř, na druhém (2) směrem ven.

16. Na pomocné čáře uprostřed vytvoříte ohyb.

20. Na druhém ohybu (2) podle úkonu 18 složíte špičky předních nohou směrem dovnitř.

13. Na třetím ohybu (3) - podle úkonu 11 - složíte špičku ještě jednou směrem dovnitř.

17. Pravou špičku rozevřete a na ohybu složíte směrem dolů.

21. Na vyznačené čáře přeložíte malé dolní růžky na obou stranách...

14. Skládačku odspodu rozevřete a na vyznačených čarách přehnete.

18. Na vyznačených pomocných linkách vytvoříte opět ohyby.

22. ...dovnitř a pes je hotov.

Košíček

1. Začínáte základním tvarem VIII (strana 55). Špičky malých křidélek směřují doprava. Na pomocných linkách vytvoříte ohyby.

2. Horní špičku malého trojúhelníku pozvednete nahoru, rozevřete...

3. ...a stiskem stlačíte. Na vyznačené lince dolní špičku vzniklé dračí figurky...

4. ...přehnete směrem dovnitř. Levou špici skládačky na pomocné lince...

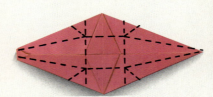

5. ...přeložíte doprava. Úkony 2 - 4 zopakujete i na dolní špičce malého křidélka. Potom na vyznačených pomocných linkách vytvoříte opatrně ohyby.

6. Horní a dolní okraje skládačky složíte na vodorovnou středovou linii.

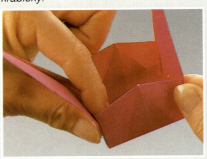

7. Skládačku obrátíte a na vytvořených ohybech vytvarujete pravoúhlé dno krabičky.

8. Rohy na ohybech pevně stisknete.

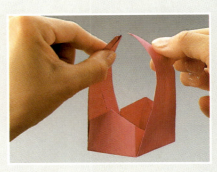

9. Konce nadzvednete a pravou špičku zasunete do levé.

SKLÁDAČKY Z RŮZNÝCH ZÁKLADNÍCH TVARŮ

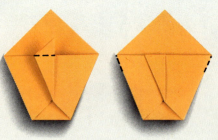

3. ...přeložíte levý roh doprava. Na pomocné čáře složíte ve středu ležící špičku dovnitř. Na pomocných linkách...

Pohárek

1. Začínáte úkonem 2 návodu na kovbojský klobouk. Na pomocné čáře...

Kovbojský klobouk

4. ...skládačku trochu nastřihnete a pomalu ji rozevřete.

2. ...přední horní špičku zasunete do předního trojúhelníku.

1. Čtvercový kus papíru přeložíte uprostřed úhlopříčně. Na vyznačených čarách...

5. Dno skládačky vmáčknete trochu dovnitř.

2. ...složíte nejprve levý roh doprava a potom pravý roh doleva. Na vyznačené lince...

6. Klobouk dotvarujete.

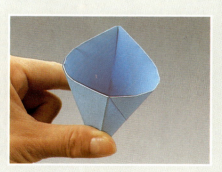

3. Zadní křídlo přehnete dozadu. Skládačku do tvaru pohárku rozevřete tak, že ji opatrně z obou stran stisknete.

Letadlo

1. Čtvercový list papíru...

2. ...uprostřed úhlopříčně přeložíte. Na vyznačené čáře...

3. ...ohnete dolní špičku nahoru. Na první (1) pomocné čáře ...

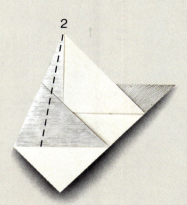

4. ...přeložíte levou špičku k pravému okraji a na druhé (2) pomocné čáře...

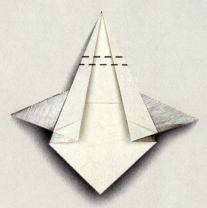

7. ...zase doprava. Horní špičku skládačky na spodní pomocné lince...

10. Pravou špičku rozevřete a na ohybu složíte dovnitř.

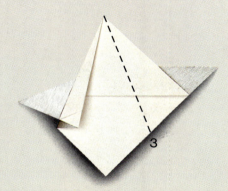

5. ...zpátky doleva. Pravou špičku přehnete na...

8. ...přeložíte směrem dolů a na vrchní pomocné lince směrem nahoru.

11. Na vyznačené čáře opět vytvoříte ohyb.

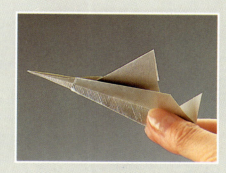

12. Celý tvar pevně uchopíte ve spodní části až k ohybu a rozevřete horní díl.

6. ...třetí (3) pomocné lince k levému okraji a na čtvrté pomocné čáře (4)...

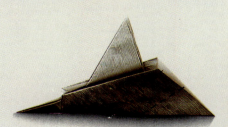

9. Skládačku uprostřed složíte a položíte vodorovně. Na pomocné čáře vytvoříte ohyb.

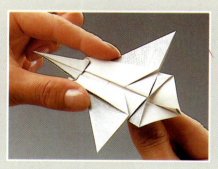

13. Letadlo může startovat.

65

Dáma

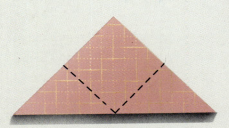

1. Ke skládačce je zapotřebí trojúhelníkový list papíru, jejž získáte úhlopříčným rozpůlením čtvercového papíru. Na vyznačených pomocných čarách...

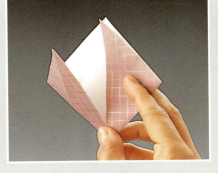

3. Levou polovinu složeného papíru rozevřete...

5. Totéž uděláte na pravé straně skládačky. Na přerušovaných čarách složíte levý i pravý kraj dozadu a na vyznačených pomocných linkách vytvoříte ohyby.

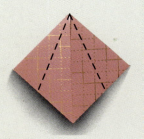

2. ...přehnete pravý a levý dolní roh k hornímu rohu tak, že bílá strana papíru zůstane uvnitř. Na vyznačených čarách vytvoříte ohyby.

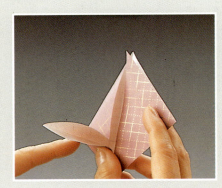

4. ...a levou část levé poloviny na ohybu složíte směrem dovnitř.

6. Levou horní špičku rozevřete a na ohybu složíte doleva.

7. Totéž zopakujete na pravé horní špičce. Tak vzniknou paže dámy. Dolní špičku přehnete nahoru.

8. Celý tvar uprostřed složíte tak, aby malá dolní špička byla uvnitř. Na horní špičce na vyznačené čáře vytvoříte ohyb doprava.

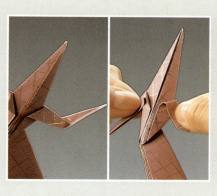

11. Paži rozevřete a špičku na ohybu složíte vzhůru. Obě ramena zatlačíte dolů.

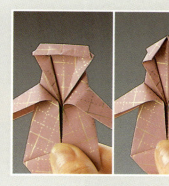

14. ...a na druhé čáře (2) dozadu. Pravý a levý roh stlačíte dopředu.

9. Skládačku uchopte pevně pod tímto ohybem. Horní část rozevřete a na ohybu stlačíte.

12. Horní špičku rozevřete a na vyznačených čarách...

15. Špičku ze zadní strany přehnete nahoru a pak ji na vyznačených čarách složíte kupředu. Nakonec vtisknete špičku dovnitř.

10. Pravou paži na pomocné čáře ohnete.

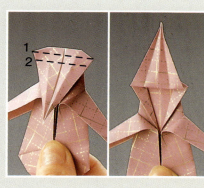

13. ...ji složíte dopředu. Dolů směřující špičku přeložíte na první pomocné čáře (1) nahoru...

16. Na vyznačené přerušované čáře přehnete levou špičku sukně doprava. Namalujete ještě tvář a dáma je hotová.

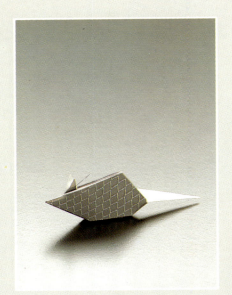

Myška

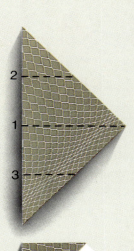

1. Potřebujete trojúhelníkový list papíru jako na dámu (viz strany 66 a 67). Na první pomocné čáře (1) list přeložíte. Na druhé (2) a třetí (3) čáře horní a dolní špičku listu...

2. ...složíte na střed levého okraje a na pomocných linkách...

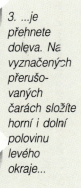

3. ...je přehnete doleva. Na vyznačených přerušovaných čarách složíte horní i dolní polovinu levého okraje...

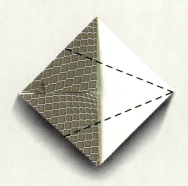

4. ...na vodorovou středovou linii. Na dalších pomocných čarách složíte horní a dolní okraj pravé strany listu...

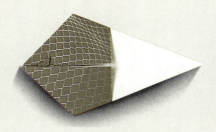

5. ...dozadu na středovou linii...

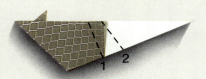

6. ...a skládačku podél ní přeložíte. Pravou špici na první pomocné čáře (1)...

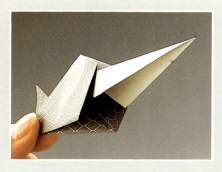

7. ...přehnete dovnitř a na druhé čáře (2) směrem ven.

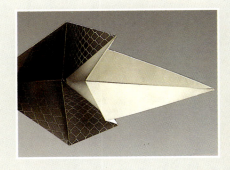

8. Skládačku odspodu trochu pootevřete, dlouhé okraje kosodélníkového tvaru...

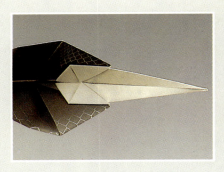

9. ...přeložíte na vodorovnou středovou linku...

10. ...a vše opět složíte. Dolní roh na pomocné čáře...

11. ...přehnete směrem dovnitř. Totéž zopakujete na zadní straně skládačky. A toto už je myška.

Dekorace na stěnu

Taška na stěnu

3. ...oba dolní rohy složíte směrem nahoru a zase zpět.

4. Přední křídlo rozevřete. Levý roh na vzniklém přehybu složíte dovnitř.

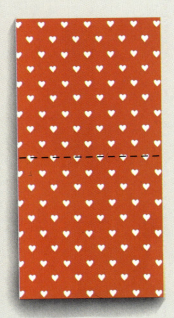

1. Potřebujete pravoúhlý list papíru o délce, která je přesným dvojnásobkem šířky. Papír v polovině přeložíte, a tak vzniknou dvě čtvercové poloviny.

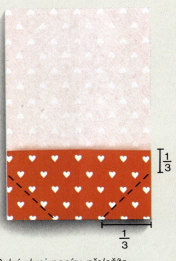

2. Dolní okraj papíru přeložíte k středovému ohybu, přičemž bílá strana papíru zůstane uvnitř. Na vyznačených čarách...

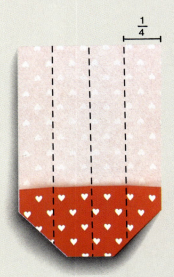

5. Totéž provedete s pravým rohem. Na vyznačených svislých čarách vytvoříte pevné ohyby.

6. Přední křídlo zase rozevřete a levý roh...

9. ...vsunete dovnitř skládačky.

12. ...a na druhé pomocné čáře (2) směrem nahoru. Skládačku obrátíte a na vyznačených pomocných čarách...

7. ...složíte na ohybu dovnitř.

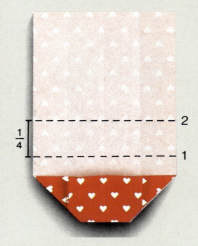

10. Horní část papíru na první pomocné čáře (1)...

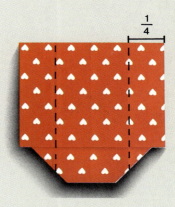

13. ...přeložíte pravý a levý okraj na svislou středovou čáru (viz úkon 5).

8. Totéž zopakujete v pravém rohu. Horní okraj předního křídla na pomocné čáře...

11. ...přehnete dozadu...

14. Skládačku znovu obrátíte a závěsnou tašku připevníte na stěnu.

Dopis

2. ...a opět narovnáte. Místo nad tímto ohybem je určeno ke psaní, takže čím delší má dopis být, tím vyšší musí být tato část papíru. Když je dopis hotov, složíte horní díl papíru...

3. ...jako tahací harmoniku.

Je zapotřebí pravoúhlý list papíru o stranách nestejné délky.

1. Dolní kratší okraj přeložíte k delšímu levému okraji. Na vyznačené pomocné čáře papír přeložíte...

4. Dolní část papíru má teď čtvercový tvar. Tuto část nyní složíte stejně jako základní tvar V (strana 25) a dolní okraj...

5. ...přeložíte k hornímu okraji čtverce.

9. Pravé přední křídlo zvednete svisle nahoru,...

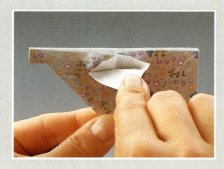

13. Horní špičku pomalu rozevřete...

6. Levou polovinu skládačky postavíte svisle...

10. ...záhyb rozevřete a roztáhnete.

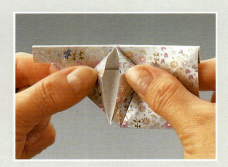

14. ...a povytáhnete až k dolní špičce. Pravý a levý roh dračí figurky stlačíte dovnitř na středovou linii.

7. ...v záhybech ji rozevřete a roztáhnete.

11. Pravý a levý horní okraj dračí figurky...

15. Dolní špičku na přerušované čáře...

8. Na vyznačené čáře vytvoříte ohyb.

12. ...přeložíte na svislou středovou linii a zase rozložíte. Na vyznačené pomocné čáře vytvoříte ohyb.

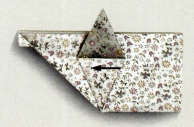

16. ...přehnete opět nahoru. Vznikne tak kosodélníkový tvar, jehož pravou polovinu...

17. ...složíte doleva.

21. Horní pravou a levou špičku na vyznačených čarách...

Ptáčátko

18. Úkony 6 - 17 zopakujete i na pravé polovině skládačky. Na vyznačené lince vytvoříte ohyb.

22. ...složíte na dolní špičku. Na vyznačených místech (x) uděláte do papíru malé otvory (třeba špendlíkem) a protáhnete jimi nit. Skládačku obrátíte.

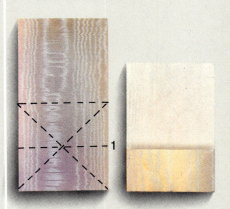

1. Výchozím tvarem je pravoúhlý list papíru, jehož delší strany musí být dvojnásobkem širokých.
Na vyznačených pomocných čarách papíru vytvoříte pevné ohyby. Na prvním ohybu (1) přeložíte spodní kratší okraj nahoru.

19. Levou špičku trochu pootevřete a na ohybu složíte dovnitř.

23. Dopis zavážete na mašličku.

20. Celou skládačku obrátíte.

2. Levou polovinu papíru svisle zvednete...

3. ...záhyb rozevřete a roztlačíte.

10. ...a celý tvar položíte vodorovně na stůl. Horní a dolní část skládačky podle vyznačených čar...

4. Pravé horní křídlo na pomocné čáře...

7. ...složíte pravý a levý roh trojúhelníku na dolní roh. Na vyznačených pomocných čarách vytvoříte ohyby.

11. ...přeložíte dozadu. Horní díl na první pomocné čáře (1)...

5. ...přehnete doleva.

8. Vzniklé rohy stlačíte na ohybech k sobě a uprostřed uhladíte. To bude zobáček.

12. ...přehnete dozadu.

6. Úkony 2 - 5 zopakujete i na pravé polovině papíru. Na vyznačených přerušovaných čarách...

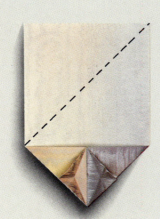

9. Horní levý roh nesložené části papíru přeložíte podle vyznačené úhlopříčky na dolní pravý roh...

13. Na druhé pomocné čáře (2) špičku zase přehnete nahoru. Namalujete, nebo nalepíte oči a ptáčátko je hotové.

Zima

Šestiúhelník

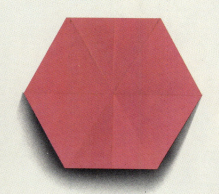

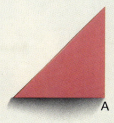

2. ...pravý roh přeložíte na levý a zase rozložíte,...

6. Levý roh na pomocné čáře přehnete k pravému kraji.

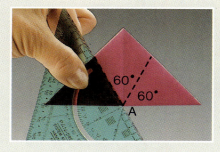

3. ...abyste získali střed dolního kraje. Úhelník přiložíte k bodu A a vyznačíte si úhel 60° a 120°.

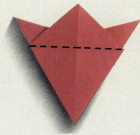

7. Celý tvar obrátíte. Na přerušované čáře...

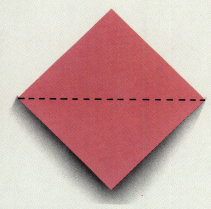

Na některé skládačky potřebujete šestiúhelníkový list papíru (například na sněhové vločky, kopretiny atd.) K tomu, abyste získali tento výchozí tvar, potřebujete následující:

– čtvercový list papíru,
– úhelník,
– nůžky.

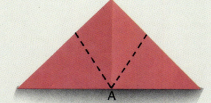

4. Od vyznačených stupňů zakreslíte k bodu A pomocné čáry a papír na nich přeložíte.

8. ...horní část papíru ustřihnete.

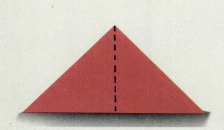

1. Papír ve středu úhlopříčně složíte. Na pomocné čáře...

5. Pravý roh na pomocné čáře přehnete k levému kraji.

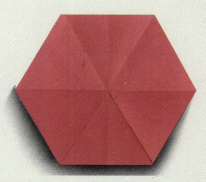

9. Papír narovnáte a šestistranný list je hotov.

Sněhové vločky

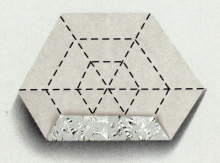

4. Dolní okraj (I) na nejspodnějším ohybu přehnete nahoru.

8. Tento postup zopakujete na všech krajích a rozích. Potom skládačku obrátíte.

5. Pravý dolní okraj (II) na prvním ohybu přeložíte doleva.

1. Začínáte u bodu 8 popisu šestiúhelníkového papíru (strana 77). Uzavřená špička směřuje dolů. Na pomocných čarách...

6. Papír na ohybech podle úkonů 4 a 5 rozevřete a vytáhnete pravý dolní roh.

9. Spodní okraj 1 za pomoci ohybu (viz úkon 3)...

10. ...přeložíte na vodorovnou středovou čáru.

2. ...vytvoříte ohyby...

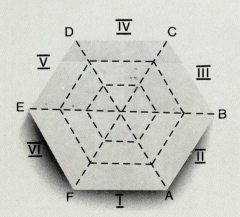

3. ...a celý papír rozložíte.

7. Na ohybech pak opět složíte nejprve pravý a potom spodní okraj papíru. Vytvořený roh zůstane venku.

11. Pravý dolní okraj (2) složíte stejným způsobem ke středu, současně však...

12. ...roh F povytáhnete směrem dolů a stlačíte doleva.

16. ...a středy okrajů 5 a 6 přiložíte ke středu celé skládačky.

20. Rozevřete záhyb a tvar stlačíte.

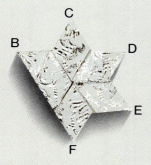
13. Totéž provedete s okraji 3, 4 a 5 a přiléhajícími rohy.

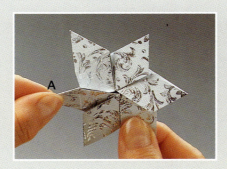
17. Vytažený roh přehnete doleva.

21. Totéž provedete i u zbývajících pěti špiček. První sněhová vločka je hotova.

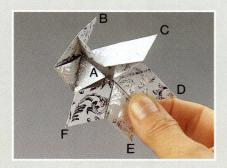
14. Poslední složení rozevřete, uvnitř ležící roh A...

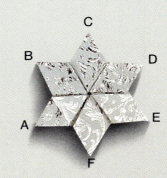
18. Skládačka má teď šest špiček.

22. Jestliže celý tvar obrátíte, získáte jinou sněhovou vločku.

15. ...vytáhnete...

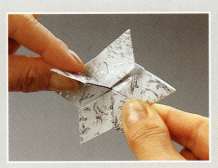
19. Jednu špičku svisle zvednete.

23. A když špičky přeložíte na pomocných čarách dozadu...

24. ...vznikne třetí tvar sněhové vločky.

Kopretina

Budete potřebovat dva šestiúhelníkové
listy papíru:
– bílý papír na okvětní lístky,
– žlutý papír na semeníky.
Délka okrajů bílého papíru musí být
trojnásobkem délky okrajů žlutého papíru.

2. Žlutý papír přilepíte na bílý tak, aby ohyby papíru ležely přesně na sobě.

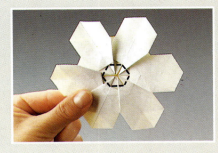

5. Na vyznačených linkách malé růžky uprostřed...

3. Celý tvar teď složíte až po úkon 21 stejně jako při výrobě sněhových vloček. Na pomocných čarách rohy...

6. ...přehnete směrem ven.

1. Bílý papír složíte až po úkon 9 stejně jako u sněhových vloček (strana 78-79).

4. ...přehnete dozadu.

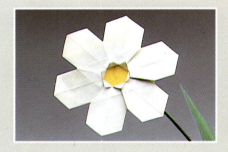

7. Na zadní stranu upevníte stonek. Kopretina je hotová.

Copyright © 1993 by Falken-Verlag GmbH,
Niedernhausen/Ts.
Translation © 1995, 1999 by Ingeborg Churaňová
Coverphoto © 1993 by Photo-Design-Studio
Gerhard Burock, Wiesbaden-Naurod
Czech edition © 1995, 1999 by Ikar

Použití textu a obrázků, třeba i jen ve výtažcích, je bez souhlasu nakladatele protiprávní a trestné. Totéž platí i pro rozmnožování, kopírování na mikrofilmy, překlady a zpracování elektronickými systémy.

Z německého originálu Neue zauberhafte Origami Ideen, Papierfalten für groß und klein (Falken-Verlag GmbH, Niedernhausen/Ts. 1993)
přeložila Ingeborg Churaňová
Redigovala Ivana Parkmanová
Technická redaktorka Renáta Hrabušická
Vydalo nakladatelství Ikar Praha, a. s.,
v edici Beruška v roce 1999
jako svou 674. publikaci
Vydání druhé
Sazba SAPAC, spol. s r. o., Bratislava
Vytiskly Východoslovenské tlačiarne, a. s., Košice.

TS 14
ISBN 80-7202-550-3